Innleiing

Denne oppgåva dreier seg om det punktet då tankane og politikken i Noreg tok eit stort seg mot den kalde krigen; *Kråkerøytalen.* Det vil seie å sjå på kva som førte til talen, og sjå litt på korleis verda såg ut i tida føre denne talen, kva som hendte i tida etter og freiste og knyte band mellom hendingane føre talen, talen sjølv og noko av det som gjekk føre seg etter talen. Eg vil au sjå litt på Einar Gerhardsen som maktperson.

1. Problemstillinga

Målet med oppgåva er å kome litt inn på *kvifor* Gerhardsen heldt denne talen og *korleis* han hadde fått desse idéane. På dette grunnlaget har eg kome fram til tre spursmål:

1. *Kva var Kråkerøytalen?*
2. *Kva var målet med Kråkerøytalen?*
3. *Korleis verka Kråkerøytalen?*

Eit av dei sentrale elementa i problemstillinga er her å sjå på samanhangen mellom *mål*, *middel* og *verknad*. Eg vil au sjå på korleis Kråkerøytalen såg ut i verdspolitikken, og sjå korleis talen spegla Noreg som ein spelar på den internasjonale speleflata. Noreg freista i denne tida å vere med på båe blokkene i ei von om å vere med å dempe utviklinga av desse. Det er interessant å sjå på i kva grad denne talen representer eit brot i denne politikken, eller om det au kan vere noko kontinuitet i dette.

1.1. Kvifor eg valde denne problemstillinga

Eg har i lang tid vore interessert i den norske historia etter krigen, og serleg den politiske historia. Gerhardsen-perioden (1945-1965) var ei tid for vokster, men au ei tid for politisk einsretting. Eg tykkjer det er spanande å sjå på høvet mellom idealisme og realisme i politikken, og korleis politikarar skipar og brukar makta si. Eg har sett til Gerhardsen-perioden med den tanken at einsretting og stabilitet kan vere viktigare for folket enn å blindt fylgje etiske eller demokratiske normer. Kråkerøytalen er eit døme på dette. Eg ville velje eit tema som låg eit stykkje unna meg sjølv i tid, men ikkje for langt unna i rom. Med det emnet eg skulle gå ut ifrå, var dei fyrste åra etter krigen som låg i siktet.

2. Hypotesar

For å kome nærare ei løysing eller klårgjering til problemstillinga, har eg kome fram til nokre fråsegner som kan synast rimlege. Desse skal eg etter å ha gått gjennom og drøfta det relevante faktumet kring temaet, teste oppimot litteraturtilfanget, drøftinga og ikkje minst sjølve talen.

2.1. Svekking av kommunistane

H_0 *Kråkerøytalen var eit medvite tiltak for å svekkje kommunistane i Noreg.*

Med dette var det for Gerhardsen viktig å skilje seg frå kommunistane og stadfeste dei som ein politisk opposisjon. Gerhardsen nytta situasjonen i Tsjekkoslovakia til å generalisere kommunistane som fiendar av samfunnet og den frie verda. I denne hypotesen vert det hevda at målet med denne talen var å svekkje kommunistane med bakgrunnen i at dei representerte ein stor fare i samfunnet. Han appellerte til folket for at dei take innover seg at kommunistane ikkje ville gagne Noreg, nærare gjere Noreg til ein sovjetisk satellittstat. Det var heller ikkje eit mål for Gerhardsen å skape ei mistru til kommunistane, men understreke den mistrua som allereie var ibuande mellom folk.

2.2. Hegemoniet i arbeidarrørsla

H_1 *Kråkerøytalen var ein freistnad på å skape samling om Arbeidarpartiet.*

Gerhardsen freista å styrkje Arbeidarpartiet, som var grunnlaget for makta hans, gjennom å finne ein felles fiende i kommunistane. Føremålet med dette var å omvende dei som var blitt «lurt» av kommunistane under krigen til å støtte DNA. Vidare ville han nå dei som elles var skeptiske til Arbeidarpartiets tidlegare meir positive haldningar til kommunistar. Målet for Gerhardsen var ikkje å svekkje kommunistane, målet var å gjere Arbeidarpartiet sterkare. Å gå ut mot kommunistane var eit middel for å få dette til. Vona var då å omvende kommunistar som var blitt lurt av deira retorikk og propaganda, og dei som hadde gått over til dei borgarlege grunn vere Arbeidarpartiets positive haldningar overfor kommunistane og NKP. Ein annan del av dette var å skape ei frykt for kommunistane og gjere seg sjølv til det trygge valet.

2.3. Sikting mot vest

H_2 *Føremålet med talen var å endre Noregs haldning, med omsyn på dei to blokkene som danna seg, frå «avventande/nøytral» til tydleg vestvendt.*

Gerhardsen ynskte å vende landet vestover og inn i Storbritannia og/eller USA sin sfære i den gryande kald-krig-spenninga. Han vende seg difor vekk frå kommunistane og påpeika farane dei stod for i samfunnet, med kommunistane i Tsjekkoslovakia i brodden.

3. Førebuing

3.1. Hermeneutikk og hypotetisk-deduktiv metode

Sjølve ordet «hermeneutikk» kjem ifrå gresk og tyder noko likt som «tolke» eller «omsetje». Hermes var ein gresk mytologisk figur som var mellomled mellom gudane og dei daudlege, og skulle dimed oversetje frå gudemålet. Hermeneutikk oppstod kring reformasjonen innan den kristne vestheimen, då det med tida voks fram eit medvit kring den historiske avstanden til tekstane i Bibelen, og ei grundigare tolking synast naudsynt.

Filosofen Dilthey overførte dette til filosofien, og til ein teori om andsvitskapane som grunnleggjande fråskilde naturvitskapane.[1] Der naturvitskapen freistar å forklare årsaker til ei viss hending ut frå ålmenne lover, søkjer andsvitskapane å forstå meininga med einskilde hendingar og fenomen sett ut frå samanhangen dei stend fram i og omgjevnadene elles. Ein historisk epoke skal bli tolka og forstått på sine premiss, utan eigne førestillingar frå samtida.

Hypotetisk-deduktiv metode er grunnleggjande i den moderne vitskapen. Han oppstod på 1500-talet i naturvitskapane ved å vere bindeleden mellom observasjon eller innsamling av faktum på den eine sida

---

1 Pax leksikon: Hermeneutikk

og eit logisk gyldig resonnement på den andre sida.[2] Metoden inneber, som namnet seier, å setje fram ei fråsegn eller hypotese og sjå korleis denne held seg til observasjonar eller presentert faktum (meir eller mindre).

3.2. Avgrensingar i tid og tema

Eg vil i hovudsak fokusere på tida etter krigen og fram til om lag 1950, for å få eit oversyn med den nære stoda kring talen. Soleis ser eg ikkje på dei langsiktige fylgjene og eg freistar heller ikkje å setje talen inn i ein lengre historisk epoke. Likevel vil eg sjå på mindre element heilt attende til 1887. Eg har au avgrensa fylgjene mest til dei politiske og ikkje dei kulturelle.

---

[2] Snl.no

1. Om Kråkerøytalen

Kråkerøytalen var ein tale halde av dåverande statsminister Einar Gerhardsen i 1948. Talen vart halden på Kråkerøy ved Fredrikstad, og har difor gådd under namna «Kråkerøytalen» og «Fredrikstadtalen». Høvet var at han skulle tale til Arbeidarpartiets lokallag på Kråkerøy, og talen var sers merkt av regjeringskrisa i Tsjekkoslovakia dagane føre. Det skulle vise seg at denne talen vart ein av dei mest vidgjetne av talane til Gerhardsen, og elles i den kalde krigens Noreg.

1.1. Ettermæle

Kråkerøytalen kan med lette bli sett på som ein tale som fylgjer dei demokratiske spelereglane meir enn dei maktpolitiske. Det var då statsminister Einar Gerhardsen synte at me kunne slå dei som var «fiendar» av fridomen og folkestyret med å vere open og demokratisk. Eg skal vidare i oppgåva stille nokre spursmål med mellom anna dette.

Om me søkjer på enklaste viset opp «Kråkerøytalen» på Google.no, finn me sidene Wikipedia.org, Youtube.com, Arbeiderpartiet.no og NRK.no som dei fire øvste treffa. Dette er sider me kan vente å finne om ei slik sak. Me kan ikkje frå dette trekkje noko slutning om Kråkerøytalen er lite kjend eller uviktig på nokon måte. Me kan likevel tyde at talen ikkje er sers aktuell eller interessant. I dei vidare treffa kan me sjå at talen har ein viss gaum frå dei som er politisk eller historisk interesserte. Som eit historisk fenomen er ikkje talen, innhaldet eller fylgjene av honom sers kjende jamført med andre historiske hendingar. Dei som stod -og framleis stend- på venstresida for Arbeidarpartiet og andre som identifiserte seg eller sympatiserte med kommunistane tykte med rette ikkje mykje om talen. Dei vart stempla som framtidige landssvikarar som berre venta på eit lagleg høve. Til dømes kan ein lure på kvifor Kråkerøytalen ikkje er nemnd i Lorenz' Arbeiderbevegelsens historie II, sjølv om stoda kring talen og regjeringskrisa i Tsjekkoslovakia stend omtala. I ettertida kan me trekkje fram at det er likskapar mellom Kråkerøytalen og omstenda kring honom og den sokalla «McCarthyismen» i USA. Eller at Kråkerøytalen representerte ei form for norsk McCarthyisme, som ikkje var like utprega eller tydleg som den amerikanske.

1.1.1. Talen i dag

Eit spursmål er om Kråkerøytalen har nokon relevans i dag, no som den kalde krigen er over og kommunistane er både marginalisert og mentalt avvæpna. Innhaldet er kanskje frå ei tid som er passert, likevel kan nok bodskapen framleis vere å kjenne att. Til dømes: Er det råd å samanlikne Kråkerøytalen med utropa mot religiøs ekstremisme, som au siktar til konkrete døme? Eg tenkjer då på åtaka på World Trade Center i september 2001 fyrst og fremst. Denne samanlikninga kan ha fleire lag; det eine er den direkte, der Kråkerøytalen og utropa mot religiøs ekstremisme påpeikar farar som visse grupper stend for, og den andre er korleis Kråkerøytalen vart bruka av politikarane, som me skal sjå.

1.2. Forma til talen

Måten Gerhardsen talar på er ulikt det dei fleste kanskje vil tenkje på som ei røyst frå arbeidarrørsla. Når Han tala var han mild i forma og heldt sog unna bastante formuleringar. Langt på veg verka det meir som om han kjem med si eiga meining og framlegg til korleis «me» best mogleg skal stille oss av «Tsjekkoslovakiaproblemet». Det var ein skilnad mellom *kva* han sa, og *måten* han sa det på. Bodskapen var klår og tydleg: Kommunistane er ein trugsel og må (i beste fall) heilt vekk. Noko som er ei klår og hard meining, som vart presentert på ein roleg og stillferdig måte. Ei interessant setning er: «Vi må ikke skape noen hetsstemning mot dem.»[3] På mange vis var det akkurat det som hendte, om dette eigentleg var eit mål for Gerhardsen, kan det naturleg nok spekulerast i. Det me ser er at bodskapen i setninga er delt i to; det skal ikkje

---

[3] Johansen og Kjeldsen: 485 (Alle referenser til Kråkerøytalen er herifrå)

bli skapt nokon hetsstemning, som, om me tek med eit par setningar vidare, ikkje kan bli kalla demokratisk om det hadde blitt appellert for.[4] Det andre er den bodskapen som ligg bak; at det i det heile var naudsynt å påpeike dette, viser ei ibuande utrykt haldning i Gerhardsen då han heldt talen.

1.3. Det politiske innhaldet

Bodskapen Gerhardsen freista å få fram var i fyrste rekkje, som han sjølv seier i talen: «Den viktigste oppgaven i kampen for Norges selvstendighet, for demokratiet og rettssikkerheten er å redusere kommunistpartiet og kommunistenes innflytelse mest mulig.»[5] Han ville fortelje folket at kommunistane ikkje var det som dei sjølve gav uttrykk for, både under krigen og i dei par åra etter krigen. Bakteppet for dette var det so hadde gått føre seg i Tsjekkoslovakia i laupet av dei føregåande dagane.[6] I Gerhardsen sine augo hadde dei tsjekkiske kommunistane teke makta frå den demokratiske samlingsregjeringa utan noko omsyn til korkje folket eller parlamentsvalet som skulle gå føre seg

---

4 Vidare: «Vi skal ikke bekjempe dem med de samme metodene som deres tsjekkiske partifeller bekjemper sine politiske motstandere. De norske kommunister vil fortsatt kunne nyte godt av alle demokratiske rettigheter.»

5 Kråkerøytalen

6 Som ofte har blitt omtala som «kuppet i Tsjekkoslovakia». Meir om dette sidan.

nokre månader seinare. Han la au vekt på at eit kommunistparti i eit land hadde makt og ikkje minst vilje til å setje folket til sides og då underliggjande at dette like so godt kunne hende i andre land. Dette fenomenet kjente vel Gerhardsen til frå si eiga tid som radikal sosialist i 1920-åra. Arbeidarpartiet var eit revolusjonært parti godt innpå 1920-talet.

Han trekte liner mellom dei tsjekkiske kommunistane og dei norske, og dimed at kommunistane i Noreg au ville nytte seg høve til kupp. Han såg på kommunistane som internasjonalt retta og dei ville dimed ikkje gagne dei *norske* interessene. Dette var kanskje med rette, av di kommunistar hadde det målet å «oppheve nasjonalstaten». Dei såg på ein proletar (arbeidar) som ein proletar same kvar han kjem ifrå og ein proletar har meir til felles med andre proletarar enn borgarskapen i eige land. Ei viktigare line trekte han mellom *Tsjekkoslovakia* og *Noreg*, som land og som folk. Det fyrste me kan seie her, er det at han nemner at «det tsjekkoslovakiske folk står for oss som et frihetselskende folk» (frå Kråkerøytalen), som mange nordmenn kan identifisere seg med. Det som kan liggje bak dette, er koplinga mellom folket i Noreg og folket i Tsjekkoslovakia. Det kan ofte vere lett å få inntrykket av autoritære statar, som Sovjetunionen og andre rike i Aust-Europa på denne tida, som samrøystes og samde om det meste. Gerhardsen skilde med denne fråsegna (sjølvsagt sett i hop med resten av talen og bodskapen) det «uskuldige» folket frå dei «slemme kuppmakarane».

I februar 1948 var det to hendingar som styresmaktene i Noreg vurderte oppimot stoda her heime; «kuppet» i Tsjekkoslovakia, som sidan blir meir utførleg omtala, og den sovjetiske avtalen med Finland. Denne avtalen plikta Finland å komme med militær motstand om eit land (det er var i fyrste rekkje sikta mot Vest-Tyskland) skulle kome Sovjetunionen til åtaks gjennom Finland. I vest vart det tolka so, at avtalen vart tvinga på Finland, med den grunngjevinga at Finland var på Tyskland si side under krigen. Styremynda vurderte det so, at ein «finlandisering» var meir truleg enn ein «Tsjekkoslovakia-situasjon».[7] Likevel so valde Gerhardsen å leggje tyngda på bråket i Tsjekkoslovakia, og hendingane i Finland vart ikkje nemnde i det heile. Dette kan vere av di hendingane i Tsjekkoslovakia gjekk meir inn på folk og det var lettare å framstille dei norske kommunistane som ein trugsel mot Noreg ved å sikte på situasjonen i Tsjekkoslovakia.

Gerhardsen freista vel au å få fram at desse hendingane var eit vegskilje for Noreg; skal me vedgå kommunistane som ein fare for samfunnet, eller skal me halde fram samarbeidet med dei. Ganske tydleg valde Gerhardsen det fyrste. No hadde kommunistane synt sin

---

[7] Frå Lundrapporten, side 163

«sanne natur» og at dei dimed au har prova seg som ein trugsel for samfunnet. Vidare då ein trugsel for folket direkte. Kommunistane var ein fare i samfunnet som Gerhardsen og styresmaktene i Noreg kanskje såg seg nøydde å åtvare folk om.

Til venstre i norsk politikk har talen vorte kritisert for sine manglane politiske argument.[8] Gerhardsen vert skulda for å nytte seg av sine demagogiske evner og bruk av «giftig hets». Vidare hevdar dei (her sett gjennom nettstaden Revolusjon.no) at Kråkerøytalen var nettopp ein reiskap for «borgarskapen» til å få gjennomført deira politikk. Viktigare i denne samanhengen er deira tilknyting mellom Kråkerøytalen og NATO og beredskapslovene, som me kjem attende til (sjå punkta 3.2.3., 4.2. og 4.2.1.). Det verkar som dei meiner at Kråkerøytalen berre var éin av fleire verkemiddel i vegen med å få Noreg med på USA si side (jf. kappittel 3).

---

8 Revolusjon.no

2. Bakteppet for Kråkerøytalen

Denne tida fram til Kråkerøytalen, som her stekkjer seg attende til 1887, var ei innhaldsrik tid med mellom mykje anna to verdskrigar. Der den fyrste verdskrigen kan tilskrivast gamle verdiar som nasjons ære, kan den andre verdkrigen ha sitt utspinn i *ideologiar*. Det tjugande århundret har vore kalla «ideologianes århundre», og det kanskje ikkje utan grunn. Ikkje i noka anna tid har ideologi verka so mykje på folk og statar sine val og handlingar. Heller ikkje er Kråkerøytalen noko unnatak frå dette.

2.1. Arbeidarpartiet og NKP

Norsk politisk arbeidarsoge (til SF) er i all hovudsak liva og utviklinga til og mellom Det norske Arbeidarparti og Noregs Kommunistiske parti, om me ser vekk frå dei mindre og kortlevde partia som no og då har vore. Den delen som er relevant å take med her er soga frå Arendal til Kråkerøy (1887-1948). Denne må vel kunne oppsummerast so, der 1923 er toppen av eit timeglas og februar 1948 som botnen og den tida då ei samling av DNA og NKP var aktuelt som den smalaste delen. I dette arbeidartimeglaset vart det so at alle veljarane rann over til Arbeidarpartiet ved valet i 1949.

2.1.1. Splitting

Det norske Arbeidarparti vart skipa av eit arbeidarlag i Arendal i 1887. Bakgrunnen var arendalskrakket som sette store delar av verftsverksemda og industrien i byområdet ut av spel, og førte til stor arbeidsløyse. Med tida og den aukande industrialiseringa, vart Arbeidarpartiet etter fyrste verdskrigen radikalisert og vart eit revolusjonistisk parti og vart med i den tredje kommunistiske internasjonalen eller Komintern. Eit vilkår for å vere med i Komintern er å godtake moskvatesane, som mellom anna var å halde seg til og kjempe fram den leninske kommunismen gjennom væpna omstøyt. Ei fylgje av radikaliseringa, vart partiet splitta, eller det synast rettare å seie at det vart skilt ut eit parti av dei som ikkje var revolusjonære og som ikkje ville godtake moskvatesane; Norges Socialdemokratiske Arbeiderparti (NSA). I 1923 ville ikkje fleirtalet i Arbeidarpartiet heller godtake moskvatesane, og partiet kunne dimed ikkje lenger vere med i Komintern. Likevel var det nokre som ville halde fram i Komintern, og skilde seg ut or Arbeidarpartiet og skipa eit nytt parti; NKP, Noregs Kommunistiske parti. No var den sosialistiske venstresida i norsk politikk delt i tre:

NKP, dei som var med i Komintern,

DNA, dei som var revolusjonære, men ikkje med i Komintern og

NSA, dei som hadde skilt seg ut or DNA i 1921 grunn vere radikaliseringa.[9]

DNA avradikaliserte seg fram mot kriseforliket. På landsmøtet i 1933 vart det vedteke at politikken deira skulle ha rot i folkefleirtalet. I Arbeidarpartiet var det i desse tidene eit ordskifte om partiet skulle vere eit *klasseparti* eller eit *folkeparti*. At valet fall på folkeparti førte til at partiet skulle fremje alle dei arbeidande klassar, framføre berre arbeidarklassen, og det la vegen for kriseforliket med Bondepartiet. Eg skal ikkje gå vidare inn på Arbeidarpartiet si maktreising, anna enn å nemne det at NKP ikkje lenger var på Stortinget, og hadde ikkje vore der sidan før valet i 1930.

2.1.2. På same leid

Medan andre verdskrig framleis gjekk føre seg ute i Europa hadde den tradisjonelle arbeidarrørsla høvevis lite makt i Noreg mot dei tyske og norske nasjonalsosialistiske herrane. I denne tida vart det freista lagt eit grunnlag for ei sterk arbeidarrørsle. Mellom dei fremste i dette arbeidet var nettopp Einar Gerhardsen.

---

[9] NSA slo seg saman med Arbeidarpartiet då radikaliseringa gradvis hadde «kolna» litt i 1927.

Han sat i fangeleir store delar av krigen for illegal motstandsverksemd. I fangeleiren Sachsenhausen vart han ein leiar mellom dei norske innsette, her vart han prega av eit kommunistisk miljø som kan ha verka på honom sidan.[10] Ved hjelp av ein tysk offiser vart han send til Grini fangeleir i Oslo, og trefte der framståande kommunistar og sosialdemokratar.[11] Han fekk samla saman eit «sentralstyre» som arbeidde med å forme eit politisk program for tida etter krigen. Det bør nemnast i denne samanhengen at dette arbeidet var sers risikabelt. Gerhardsen og medspelarane dreiv aktiv politisk verksemd beint imot maktherrane. Difor vart møta deira varsamt haldne i skjul og under dekke, men au kan det vere at desse omgjevnadene verka samlande so at motsetnader mellom kommunistar og sosialdemokratar vart slipte. Vegen for samlingsregjeringa, som sidan vart eit faktum, og ikkje minst for å samle i hop kommunistpartiet og Arbeidarpartiet vart lagt her. Med di sisto seier dei reelle tilhøva at det ville vore NKP som gjekk inn i DNA framføre ei jamstilt samanslåing. Det vart mot dette lova at det skulle bli førd ei venleg line overfor Sovjetunionen.

---

[10] Det er då i største mon lagt vekt på haldningane han hadde overfor kommunistane og tankane han hadde med omsyn på samlinga av dei to partia DNA og NKP i den seinare tida på Grini.

[11] Regjeringen.no

Etter krigen heldt denne idéen om ei samanslåing fram og gav seg eit uttrykk i at både kommunistpartiet og Arbeidarpartiet gjekk med på å bøygje av noko av sin politikk for å kome hinom i møte. Dei båe godtok fellesprogrammet som korkje kan bli kalla utprega kommunistisk eller sosialistisk. Kommunistane veik ifrå væpna omstøyting for å oppnå endeleg sosialisme, ein av dei viktige delane i ideologien deira.[12] Det ser ut til at det ikkje er nokon breid semje om kva parti som fyrst braut samtalane, likevel ser det ut til at det var ein artikkel i den kommunistiske avisa Friheten som gjekk til åtaks mot Arbeidarpartiet so sette brotet i gang.[13] Det ser altso ut som at Arbeidarpartiet ynskte samling so lenge kommunistane gjorde det.

2.2. Kuppet som ikkje var noko kupp

Det som gjekk føre seg i det tsjekkiske politiske livet i februar 1948 har ofte blitt omtala som eit «kupp». Denne nemninga kan synast å vere eit resultat av politiske motsetnader og propaganda frå anti-kommunistar. Det er heller ikkje ei uvanleg oppfatning at Sovjetunionen støtta kuppet, som me kan sjå på Wikipedia.org: «I februar 1948 tok kommunistpartiet over makten i landet gjennom

[12] Lorenz: 111
[13] Ustvedt: 187

et statskupp støttet av Sovjetunionen, som gjorde landet om til et kommunistdiktatur».[14] Denne støtta Sovjetunionen gav «kuppmakarane» var truleg mest ideologisk. Den Raude Armé hadde forlate landet og hadde dimed inga direkte påverknad, sjølv om dei tsjekkiske leiarane visste at han ikkje var langt unna. Den Raude Armé var til stades i Ungarn, der stoda var ei heilt anna, og derifrå kunne han påverke situasjonen om dei hadde intensjonen til dess eller ikkje.

2.2.1. Hendingsrekkja

«Kuppet» gjekk føre seg høvevis roleg og utan avfyrte skot eller anna valdsbruk. Nosek, den tsjekkiske innanriksministeren, avsette åtte høgståande embetsmenn i politiet og bytte dei ut med kommunistiske medspelarar. Denne handlinga skapte protestar mellom dei borgarlege i samlingsregjeringa. Dei meinte dette vedtaket var ein freistnad på kommunistisk infiltrasjon. Tolv av statsrådane i regjeringa, stilte kabinettspursmål og ville ha vedtaket omgjort.[15] Dei hadde lit til at president Beneš heller ville setje innatt dei gamle embetsmennene snarare enn å late tolv statsrådar gå ut or regjeringssamarbeidet. Dette var noko som ikkje hendte, so no var det berre att kommunistar og sosialdemokratar i regjeringa. Det

[14] Wikipedia.org
[15] Melle: 115

høyrer med til denne historia at utanriksministeren i denne regjeringa, Jan Masaryk, vart funnen daud berre stutte rida etter dette. Han vart funnen under eit vindauge i utanriksdepartementet, og det er framleis ikkje kome nokon slutning på om det var eit uhell, sjølvmord eller dråp. I soga til Böhmen, området der Praha ligg, har det vore fleire liknande situasjonar.[16] Det å lide av gjennom eit fall frå eit vindauge (der det er ukjent om det er dråp elle sjølvmord) er i Tsjekkia kjent som *defenestrasjon* (tsjekkisk: *defenestrace*). Masaryk var ein av dei som ynskte eit ope forhold til båe leidene, sokalla brubyggingspolitikk. Denne politikken finn me att i Noreg og den norske utanriksministeren Halvard Lange i tida mellom krigen tok slutt og Kråkerøytalen, og mykje på grunn av denne likskapen var det at desse hendingane gjekk soleis inn på nordmenn og kunne nyttast som verkemiddel i Kråkerøytalen. Det er hendingar som kan bli vinkla som eit lovstridig kupp eller eit uttrykk for folkeviljen, sjølv om det er vandt å underbyggje desse påstandane utan idealistiske tilknytingar.

2.3. Kald krig i kjømda

Då krigen for alvor gjekk rette vegen for dei allierte, møttest herrane i dei tre maktene, USA, Sovjetunionen og Storbritannia, for å avgjere kva som skulle hende

[16] Snl.no

vidare. Dei arbeidde frå denne tida å kome fram til ein avtale som sikra ei varig og stabil løysing for lagnaden til Europa, men kanskje viktigare var det å sikre dei områda dei sjølve hadde okkupert. Jaltakonferansen i 1945 var mellom anna staden for avtalane, som au har vore påpeika som ein av spirane til den kalde krigen. Det vart so at vestmaktene sette i gang val i landa i vest og Sovjet tok til å styre maktvakuumet i Aust-Europa. Utetter som tida gjekk skipa dei to supermaktene si makt på kvar sin ende av Europa.[17]

2.3.1. USA og SSSR

Dei to store maktene som stod att etter krigen var USA og Sovjetunionen. Desse gjekk båe inn for ei fredeleg løysing av maktvakuumet som krigen hadde skapt. Likevel vart denne semja og «venskapen» pressa av dei båe, og dei ville sjå kor langt dei kunne strekkje seg før protestane frå hinom vart overveldande. I den bi- og multilaterale politikken mellom austmakter og vestmakter i desse fyrste åra var mest prega av freistnader på samarbeid, sjølv om i den heimlege propagandaen favoriserte dei klårt si eiga side. Då USA la fram den nye utanrikspolitikken, var det tydleg at det var sterke motsetnader mellom USA og Sovjet. Det var au eit teikn på at det var viktigare å få fram sine politiske

[17] LaFeber: 15

mål innan sin sfære enn å samarbeide. Noko av dei same teikna kan me finne i aust, der Sovjet ikkje heldt sin del av avtalen sin med vestmaktene, mellom anna om å halde frie val.[18] I landa i Aust-Europa var det no kommunistar som tok over, meir eller mindre støtta av Sovjetunionen.

I kor stor grad Sovjetunionen blanda seg inn i dei ulike landa er likevel ikkje like viktig å sjå på som *at* nokon meinte at Sovjetunionen var drivkrafta, kven dette var og ikkje minst korleis dei bruka det. Sovjetunionen hadde framføre alt eitt krigsmål som er viktig i denne samanhengen, nemleg å tryggje vestgrensa si. Sovjet ville ha politisk styring med landa i Aust-Europa, og serleg Polen. Den raude armé var til stades i heile Aust-Europa like etter krigen. Han trekte seg ut or fleire land med tida, slike som Tsjekkoslovakia, og vart verande i nokre for å sikre ro, orden og ei statsstyring. Frå hausten 1947 gjekk Sovjetunionen inn på ei line som stod i strid med vestheimen. I september vart det vedteke at den omtala nye utanrikspolitikken åt USA, Truman-doktrinen og Marshallplanen var «verdensomspennende ekspansjon

---

18 Denne påstanden kjem naturleg nok frå dei borgarlege demokratia i vestheimen. I aust vart det oppretta folkerepublikkar, med tyngd i folkedemokratiet, jamfør Aust-Tyskland, DDR (Deutsche Demokratische Republik). Gerhardsen er inne på dette temaet når han påpeikar kommunistane si haldning til regjeringskrisa i Tsjekkoslovakia. Kommunistane meinte, ifylgje Gerhardsen, at det no var folkeviljen som hadde sigra. (Kråkerøytalen)

som USA forfølger i alle deler av verden»[19] og i oktober vart Kominform oppretta.

2.3.2. Kråkerøytalen i den kalde krigen

Alt det som er nemnt framføre var sjølvsagt noko Gerhardsen hadde kontroll over og var klår over. Han skriv sjølv i sine erindringar: «Vi var redde for at Stalins ønske om ei 'sikkerhetsbelte' rundt Sovjetunionen omfattet også Norge».[20] Det meste av verda hadde fått med seg det Sovjetunionen dreiv med i Aust-Europa, og Noreg var ikkje noko unnatak. Kva *det* var, var folk, kanskje ikkje minst i Noreg, usamde om. Det var dette som skilde venstresida, NKP og radikale delar av DNA, frå høgresida, som vil seie resten av partia inkludert høgresida i DNA. Her kan me sjå at Arbeidarpartiet var splitta i synet på Sovjetunionen og kommunistane, og Gerhardsen var korgje til høgre eller venstre i denne saka. Han heldt seg på ei lunka line overfor kommunistane og såg på det gode ryet kommunistane hadde fått mellom folk i Noreg. Som det kjem fram i Kråkerøytalen og i politikken til Arbeidarpartiet elles i tida kring starten på året 1948, «vel» Gerhardsen og dei andre toppane den vestlege versjonen av situasjonen som hadde oppstått i Aust-Europa, som, på eit mest mogleg nøytralt grunnlag,

[19] Frå Lundrapporten side 159
[20] Olstad: 224

om ikkje anna var påverka av viljen til Sovjetunionens leiarar, som obiter dictum tydleg kan samanliknast med USA sitt grep om vestheimen. Det kan synast som om Gerhardsen med fleire oppfattar biletet som: Valet mellom den frie, opne og demokratiske vestheimen eller den raude, tvangsbundne og despotiske austheimen. Eller framstilte Gerhardsen austheimen «verre» enn han hadde grunnlag for? Eit anna viktig spursmål i samanhengen vil vere: Kvifor valde Arbeidarpartiet og Gerhardsen *éi* side, og kvifor denne sida?

Som det kjem fram av sitatet i starten av underkapittelet, var Gerhardsen redd for å vere ein del av Stalin si trygging av vestgrensa til Sovjetsamveldet. Sidan Gerhardsen var av den oppfatninga at Sovjetunionen øvde makt for å halde landa i Aust-Europa i sjakk, kunne det vere nærliggjande å tenkje seg at dette kunne hende Noreg like so vel.[21] Med «kuppet» i Tsjekkoslovakia toppa dette seg, det var eit rike Gerhardsen samanlikna med Noreg, og det var mykje som var likt. Det var dette som var bakgrunnen for å stemple kommunistane som «fiendar» av samfunnet.

---

[21] Sjølv om det ikkje vart vurdert veldig truleg at Noreg vart ein «satellitt-stat» under Sovjetunionen

3. Folk og makt

Der dei føregåande kapitla har teke føre seg *kva* Kråkerøytalen var og sett Kråkerøytalen inn i ei *fortid* og *samtid*, skal dette kapitlet sikte seg meir inn på problemstillinga direkte. Eg skal sjå på *korleis* Gerhardsen og Arbeidarpartiet nytta makta, og korleis Kråkerøytalen var ein *del* av denne maktutøvinga.

3.1. Fleirtalet

Etter valet hausten 1945, fekk Arbeidarpartiet 76 mandat på Stortinget[22], og dimed rådde dei åleine fleirtalet. Eitt parti hadde ikkje åleine hatt reint fleirtal på Stortinget sidan perioden 1915-1918, då Venstre hadde 74 mandat og vel 60 %. I denne oppgåva tek eg føre meg korleis Gerhardsen –og fylgjeleg Arbeidarpartiet– bruka makta si, og det er då nært å gå innpå *i kor stor grad dei utnytta fleirtalet.* Eg vil sjå på korleis Arbeidarpartiet balanserte mellom å få gjennomført sine eigne visjonar og sin eigen politikk og tankegangen frå fellesprogrammet.

3.1.1. Fellesprogrammet

Den fellesskapen som hadde arbeidd seg fram *mellom* partia gjennom andre verdkrig, kunne no med Arbeidarpartiet åleine ved roret, på lettaste viset bli

[22] Lorenz: 221-222

brote.[23] Fellesskapen hadde toppa seg i fellesprogrammet, som vart utvikla av stortingspartia, her er Kristeleg Folkeparti og Noregs Kommunsistiske Parti medrekna, sumaren 1945. Det var ei semje om dei lange linene i attreisinga og politikken elles i grove trekk. Målet med fellesprogrammet kan me seie var å gjennopprette det gamle orden, og samtidig unngå dei problema som var i mellomkrigstida, som klassemotsetnadene og ikkje minst overfallet 9de april, men au å halde fram samarbeidsviljen frå krigen. Det var no i makta til Arbeidarpartiet å vikje frå fellesprogrammet og få gjennomført sin visjon om sosialisme; men var det eigentleg det som var visjonen deira? Det er påpeika at Gerhardsen ikkje hadde endeleg sosialisme som mål; han såg nytte i ein viss fridom i marknaden og at konkurransen var nyttig.[24] Dette kan likevel vere delar av Gerhardsen sin «eigne sosialisme», som ikkje var like *direkte* styrande som kommandoøkonomien i Sovjetunionen.

---

23 Nygaardsvoll si regjering som flykta til London då krigen kom til Noreg, tok etter kvart inn statsrådar frå heimefronten og andre parti. Dette kan me sjå på som eit uttrykk for *fellesskapen* om det norske styresettet og den suvereniteten mot nasjonalsosialistane, men det er ei anna historie. Me kan likevel trekkje inn her at kommunistane ikkje var med i denne fellesskapen under krigen.

24 Olstad: 206

3.1.2. Stortinget i eksil

For å take bate av Jens Arup Seip si formulering frå 1963, kan det sjå ut til at Stortinget var i eksil i tida frå 1940 og utover til 1963, det vil seie under alle dei hendingane som knyter Noreg til vestheimen, ikkje minst Kråkerøytalen. Han meinte med di at vedtaka vart tekne i partiapparatet til Arbeidarpartiet framføre Stortinget, og dimed at Stortinget då hadde mist den makta det skal ha. Sidan framlegga og drøftingane, heile prosessen frå pløying til hausting, med omsyn på lover og andre statssaker vart ført innan eitt parti, og der Stortinget berre var eit spel for Grunnloven, kalla Seip perioden for *ettpartistaten*.[25] Historikaren Hans Olav Lahlum meiner heller det var eit oligarki.[26] Eg skal ikkje gå inn i denne ordkløyvinga, anna enn å nemne at det finst ulike oppfattingar (utan at desse vikjer frå einannan i det store biletet). Det har den enkle årsaka at med stortingsfleirtalet vart det Arbeidarpartiet kunne semjast om i grunne vedteke. Ei av dei sakene det var størst strid om mellom Arbeidarpartiet og dei borgarlege var prisreguleringa. Dette kan vere eit døme på at Arbeidarpartiet heldt seg meir til sin eigen sosialistiske politikk framføre å byggje på fellesskapen i

---

[25] Lahlum: 336

[26] Rosturm.no

fellesprogrammet.[27] Om dette var sosialistiske tiltak eller om tiltaka var sett på som naudsynte i attreisinga, kan det spørjast om. Mykje av denne politikken vart gjeve opp med tida.

3.2. *Vest om!*

Om me tenkjer oss at det grovt sett er tre måtar statar kan utøve makt seg imellom, vil eg meine desse er: *Militær* makt, *økonomisk* makt og *politisk* makt (sensu lato). Då Noreg smått om senn gleid inn i den vestlege maktsfæren, kan det synast at denne delinga av maktutøving høver greitt. Eg vil tidleg seie at dette biletet er ein del forenkla for å gjere drøftinga ryddigare. Det synast so, at alle dei hendingane som gjekk føre seg i åra 1945-1949, og som merkte soga med sitt, endte opp i eller toppa seg i tre hendingar. Desse tre hendingane anten bana vegen vestover, eller indikerte at vegen allereie var trødd opp; Noreg godtok Marshallhjelpa i 1947, Kråkerøytalen som skilde kommunistane frå dei andre politiske retningane og det endelege steget; NATO. Med Marshallhjelpa tok Noreg steget vestover økonomisk, Kråkerøytalen var ei politisk stadfesting av retninga Noreg tok og med NATO var Noreg militært ein del av vestheimen.

---

[27] Ustvedt: 200

Ei slik inndeling (økonomisk, politisk og militært) vil med lette synast å vere simpliciorem ad absurdum. Dette med omsyn til at alle desse stega vart langt på vegen gjort samtidig og om kvarandre. Det var dei same folka som dreiv med di, hendingane hekk i hop på fleire måtar og er med andre ord *ikkje uahengige*. Likevel ser eg det som føremålstenleg å dele det inn på denne måten, nettopp av di dei tre hendingane *representerer* kvar side av den norske samfunnet Hendingane gjev au *utrykk* for at dei er isolerte, og har fråskilde grunnar:

> *Marshallplanen*: Ei naudsynt økonomisk hjelp til attreising og industriutvikling, og ikkje minst til økonomisk samarbeid i Europa og USA. Noreg fekk halde sitt økonomiske sjølvstende, trass i at kritikarane ville ha det til at Noreg måtte inn i storkapitalen som det ikkje var gagn i for ein småstat.
>
> *Kråkerøytalen*: Ein reaksjon på «kuppet» i Tsjekkoslovakia, som viste kva kommunistane var i stand til å gjere. Som og viste at Noreg heller burde rette blikket vestover enn austover.

NATO: Noreg skulle ikkje oppleve eit 9de april på nytt, og måtte dimed ha eit sterkt forsvar og helst vere med i eit vernssamband. Då samhandlingane med Sverike om eit nordisk samarbeid braut saman, gjekk Noreg til USA og Storbritannia; NATO.

3.2.1. Eit økonomisk steg

Etter den andre verdskrigen låg dei fleste byar i Europa stort sett i ruinar, folk hadde ikkje heimar og industri og infrastruktur var i stor grad ute av drift. Som ei fylgje av øydingane var Europa kome i ein økonomisk krise, som ikkje synast mogleg å kome utor. Mellom dei som meinte Europa ikkje ville kome or krisen på eiga hand, var den amerikanske viseutanriksministeren Will Clayton.[28] Med denne krisen var det ei oppfatting at Europa ikkje var i stand til effektivt å hjelpe seg sjølv med attreisinga. I samband med dette vart det klårt for amerikanarane at dei måtte gjere noko. I 1947 vart hjelpeprogrammet ERP, European Recovery Program (heretter kalla Marshallplanen), sett i verk. Dette programmet skulle hjelpe land i Europa med å kome seg på fote att, og vart tilbode til alle land som hadde vore råka av krigen, men au andre land som Sverike. Formålet med denne planen kan synast å vere todelt. På den eine sida skulle han

[28] Dagbladet.no

hjelpe Europa og skape ein marknad for den amerikanske industrien, og på den andre sida hindre kommunismen i å spreie seg. Det var ei meining i den amerikanske regjeringa at økonomisk krise, naud og kaos var god grobotn for kommunismen.[29] So at Marshallplanen var tydleg *antikommunistisk*.

Dette tydlege «blokkpreget» Marshallplanen verka å ha, fekk dei norske styresmaktene til å verte atterhaldne til å vere med på planen. Då spursmålet om pengestønad frå USA kom åt styresmaktene i Noreg, vart det stor usemje mellom leiarane i Arbeidarpartiet om korleis dei skulle respondere. Pengehjelpa kom med ulike vilkår som ikkje vart lette å godtake for Arbeidarpartiet, amerikanarane kravde t.d. former for marknadliberalisme til nokon grad. Den økonomiske politikken styresmaktene i Noreg hadde staka seg, var basert på Keynes' økonomiske teoriar med noko preg av det sovjetiske planøkonomi-systemet; blandingsøkonomien. Den sovjetiske vurderinga av Marshallplanen var so, at dei landa som ville vere med i programmet, ville bli økonomisk avhengig av USA, og fylgjeleg politisk avhengig.[30] Denne vurderinga låg til grunn for den norske atterhaldne haldninga. Det var ikkje berre at dei (eit stykkje på vegen) var *samde* med dei sovjetiske styresmaktene, attåt kan me tru at Noreg berre til nauds

[29] Sverdrup: 277
[30] Ibid: 278

ville stride mot *det sovjetiske neiet.*

3.2.2. Eit politisk steg

Kråkerøytalen var eit politisk steg vekk ifrå kommunistane. Det har blitt karakterisert som ei politisk krigserklæring og ei innleiing til «kjeppjakt» på kommunistane. Dette markerte eit brot med etterkrigspolitikken som inspirerte til samling og fellesskap, au frå kommunistane. Likevel er det ikkje eit brot med det lengre siktet attover i tid sidan splittinga mellom DNA so NKP. Kommunistane gjekk ut frå Stortinget i 1930, og vart ikkje teke med i samlingsregjeringa i London under krigen. So sjølv om dette er eit politisk steg mot vest, vil eg au påpeike at det kanskje heller er ei attopptaking av gamle politiske haldningar både mellom folk og kanskje mest mellom politikarar. Det er do ei styrking av desse haldningane med omsyn på det stadig tydlegare politiske klimaet internasjonalt.

3.2.3. Eit militært steg

I åra etter krigen var det ei semje i Noreg om å styrkje forsvaret og hindre eit framtidig overfall. Med både ulike meiningar og ikkje minst det skiftande politiske biletet i dei fyrste fire åra etter krigen, var det ulike planar om å tryggje landet som dukka opp. Dei fleste hadde innsett at

Noreg ikkje ville klare å stå i mot eit overfall frå eit fiendsleg rike. «Si vis pacem, para bellum» var den nye tankegangen basert på.[31] Difor måtte Noreg gå i hop med andre nasjonar for å saman tryggje dei felles grensene. I 1948 var det berre to alternativ att: Atlanterhavspakta, NATO og eit nordisk forsvarsfelleskap. I starten av 1949 var det berre eitt att.

Det var ei oppfatting mellom folk og -i alle fall sume- politikarar at ein ny verdskrig kom til å bryte ut om ikkje alt for lenge. Med hendingane i Tsjekkoslovakta vart denne trugselen meir konkretisert og kanskje på eit vis «realisert» for Tsjekkoslovakia. Fylgjeleg var det, som eg har vore inne på, lett å sjå scenarioet for Noreg. Det var stor tru på at landa i Norden kunne danne eit vernssamband som korkje var tilknytt eller avhengig ei av stor- eller supermaktene. Denne optimismen kring eit slikt samarbeid, galt både politikarar og -kanskje i større grad- folket. Då dette samarbeidet stranda, tok det berre nokre dagar før utanriksminister Halvard Lange fór til USA for å vere med i drøftingar om Atlanterhavspakta.[32] Det hadde vore ei sterk vilje i Arbeidarpartiet og fleire parti på den borgarlege sida å gå inn i ei militærpakt med USA, og det hadde vore førebuingar med USA og andre komande NATO-land allereie før det nordiske

[31] Eit latinsk uttrykk og tyder noko likt med «vil du ha fred, bu deg på krig»

[32] Ustvedt: 376

samarbeidet braut saman.[33] Ein kan spørje seg om NATO hadde vore ei «plan B», eller om NATO var den eigentlege plana.

Det er mykje som tyder på det fyrste, med omsyn på den iveren det hadde vore kring det nordiske samarbeidet. Likevel blir det påpeika at utanriksminister Halvard Lange ville ha Noreg inn i NATO. Det var våpengarantiane frå USA som langt på vegen stogga Noreg i å halde fram arbeidet med det nordiske samarbeidet. Lange (og fleire?) kan ha framstilt amerikanarane meir atterhaldne til garantiane enn dei i røynda var.[34] Dette kan ha økonomiske grunnar, sidan Lange meinte at det ville bli for dyrt å satse på eit nordisk samarbeid i høve eit vestleg med USA.

3.2.4. *Sverike -ein komparasjon*

Det er interessant i denne samanhengen å samanlikne Noreg og Sverike. Dei to landa hadde ganske ulik inngang til den kalde krigen; Noreg kom med i den andre verdskrigen i 1940, og hadde det i minnet i etterkrigsåra (ofte kjent som *niande april-syndromet*). Sverike på si side, ville halde fram med nøytralitets- og alliansefridomspolitikken sin au etter krigen.[35] Tek eg

---

[33] Ustvedt: 382

[34] Ibid: 383

[35] Svenske styresmakter tok sikte på «alliansefridom i fred, nøytralitet i krig» både føre og etter krigen.

samanlikninga med omsyn til den tredelinga eg over har gått etter, fær eg vonleg eit høve til å sjå litt i kva grad Marshallhjelpa, Kråkerøytalen og NATO verka til at Noreg skulle take vegen vestover.

Eg skal ikkje gå djupt inn i dette, men eg ser ein verdi i å nemne det og sjå på det. Sverike «deltok» ikkje i den andre verdskrigen og heldt seg til nabolanda omtrent som før med omsyn til handel og diplomati. Likevel fekk landet tilbodet om Marshallhjelp. Sverike godtok hjelpa og stadfeste dimed at landet hadde ein *ikkje-kommunistisk økonomi.*[36] For å trekkje ein delvis og mellombels slutning, vil eg ikkje meine at dette (åleine) stadfeste Sverike som *politisk* vestleg. Eg seier det serleg av di den svenske økonomien allereie frå gamalt av har vore ein kapitalistisk økonomi (med atterhald), me kan heller slutte at Sverike framleis var *økonomisk* vestleg. Det hendte noko tilsvarande til Kråkerøytalen mellom Socialdemokraterna og Sveriges Kommunistiska Parti i Sverike.

---

[36] Den svenske økonomien var sers lik den norske: Blandingsøkonomi, som vil seie at dei ikkje hadde ein anti-kommunistisk økonomi

3.3. Tre steg -ein start?

I denne oppsummeringa av kapitel 3 blir spursmåla *var hendingane i Tsjekkoslovakia eit høve Gerhardsen hadde venta på?* og *var åtaka mot kommunistane i Kråkerøytalen defensive eller offensive?*

Eg vil meine at det råder liten tvil om samanhengen i desse tre hendingane: Marshallplanen, Kråkerøytalen og medlemskapen i NATO. Å godtake Marshallhjelp (og alt som ho førde med seg)[37] gjorde verkemidla i Kråkerøytalen lettare å fremje, åtaka mot kommunistane og spreiinga av kommunistfrykt mellom folk (mellom anna i Kråkerøytalen) hjelpte på i avgjerda om NATO. Korleis denne samanhengen var, er eit spursmål her; i kva grad var hendingane *avhengig* av kvarandre, eller om vegen for desse tre hendingane allereie var trødd opp på førehand.

Dei norske styresmaktene godtok Marshallhjelpa på bakgrunn at dei trong henne. Det å då take steget vekk frå kommunismen, og inn mot USA og vest-famnen, var ein liten pris å betale. Kanskje var det enklare å godtake hjelpa frå USA, so lenge blokkene ikkje hadde vorte so tydlege. Det ser ut til at Gerhardsen opplevde å stå under ei steinrøys som skal til å skride, og å hoppe austover

---

[37] Med Marshallplanen kom ikkje berre pengar i form av gåver og lån, til dømes fløymde det inn amerikanske varer og på andre vis vart amerikansk kultur spreidd inn i dei norske heimane.

eller vestover er einaste måten å redde seg på. Sidan han allereie hadde teke to steg vestover frå før av (Marshallplanen og Kråkerøytalen), var dette eit lettare byks.

Kråkerøytalen kan både bli sett på som defensiv og offensiv. Gerhardsen uttrykte i talen at kommunistane var ein varig trugsel, og difor var dei «tiltaka» som vart presenterte defensive. Styresmaktene i Noreg vurderte ikkje faren for eit kupp til å vere ovleg stor i nokon grad, og at åtaka mot kommunistane kan ha hatt si rot (ogso) andre stader. Døme kan kanskje vere kampen om hegemoniet i arbeidarrørsla eller strategien om å skape ein felles fiende, som båe synast å vere verknader av denne talen. Ifylgje bodskapen i Kråkerøytalen er dei presenterte haldningane til kommunistane heilt naudsynte og denne åtvaringa til folket ikkje berre innanføre dei «politiske normene», men au det einaste forsvarlege å gjere. Gerhardsen sjølv og Arbeidarpartiet hadde alt å vinne på status quo, og det er au truleg han meinte at folket au var best tent med di. Difor ser det utifrå dette synet ut som om talen ikkje var ein freistnad på å endre stoda, og at det heller var ein freistnad på å vidareføre stoda so ho var. «Betre å slå enn å verte slegen», kanskje?

Likevel vil eg tru at Gerhardsen nok var, med den politiske røynsla han hadde, merksam på fleire fylgjer av talen enn å demme opp «den kommunistiske faren». Eg vil rekne med at han skjøna kva som kom til å hende med kommunistane i det store biletet. Eg vil ikkje med dette seie at det er serleg grunnlag for å hevde at Arbeidarpartiet freista å gjere Noreg gradvis og «umerkande» vestvendt gjennom desse tre stega eg har presentert.

4. Verknadene av Kråkerøytalen

Ved Stortingsvalet i 1945 fekk kommunistpartiet kring 12 % av røystene og 11 mandat på Stortinget, og ved valet i 1949 miste dei alle mandata. Mellom desse to vala hendte det mykje i norsk politikk, som me har sett, mellom anna Kråkerøytalen. Ein kan seie at Gerhardsen fekk «viljen sin», som han hadde gjeve utrykk for i talen. Det vidare spursmålet er ikkje om dette var ein verknad av talen. Det me må sjå på er om det var verknader av det Kråkerøytalen *symboliserte*.

4.1. Synet på kommunistane

Korleis var synet på kommunistane i tida som kom etter Kråkerøytalen? Dei miste alle sine representantar på Stortinget etter valet i 1949. Det ser ut til at hendingane i Tsjekkoslovakia gjekk djupt inn på folk. Mange i Noreg trudde at sovjetarane anten støtta «kuppet» eller til og med stod bak.[38] Mange nordmenn såg kanskje at fleire land i Aust-Europa hadde blitt kommunistiske og hadde vel den meininga at Stalin drog i trådane. Det såg ut til at dette hendte som ein del av planen til Stalin om å skipe makta si og kanskje var, som Gerhardsen var redd for (sjå punkt 1.3.), Noreg ein del av denne planen. Det var ei frykt for at sovjetarane kunne gjennomføre eit slikt kupp

[38] Ustvedt: 379

i Noreg med hjelp av dei heimelege norske kommunistane. «Kommunistangsten grep voldsomt om seg» meiner Yngvar Ustvedt.[39] Eg vil seie at dette kanskje er ei noko sterk formulering, sidan til dømes store hopar av folket ikkje hadde noko serleg med politikk å gjere.[40] Både Gerhardsen og «resten av folket» hadde vel ein *grunn* til å tru at ved ein krigssituasjon mellom Sovjetunionen og Noreg ville kommunistane halde seg til Sovjetunionen, og at dette ville hende snart, sidan det var fyrstehandsinformasjon ifrå Stortingsmannen Stand Johansen.[41] Det inntrykket (kanskje eit betre ord enn frykt?) hendingane i Tsjekkoslovakia skapte mellom folk vart mogleg styrkt av avtalen som vart inngådd mellom Finland og Sovjetunionen, som var ein situasjon som var meir truleg å kunne «råke» Noreg enn han i Tsjekkoslovakia. Denne var likevel ikkje av same omfang, og kan vel heller ikkje tilskrivast kommunismen eller kommunistane. Dei norske kommunistane utgjorde heller ingen fare i denne samanhengen.

---

[39] Ustvedt: 379

[40] Dei som dreiv anten havet eller jorda i fjord- og øysamfunna og i fjellbygdene (berre for å take nokre døme) hadde kanskje mest med dei nære og daglege hendingar framføre kva som hendte ute i verda. Dei var vel noko meir politisk inneslutta enn det vert gjeve uttrykk for i Ustvedt si formulering, som føresett at (mest) alle nordmenn er politisk medvitne.

[41] Ustvedt: 379

Om kommunistane ikkje vart frykta, vart dei i større grad enn før hendingane i Tsjekkoslovakia og Kråkerøytalen sett på som nokon me lyt vere vare på, og nokon som støttar det landet som utgjer den største trugselen for Noreg; Sovjetunionen – det næraste Noreg kom nokon fiende.[42]

4.1.1. Styresmaktene og vurdering av trugselen

Den norske styremynda vurderte ikkje situasjonen i Tsjekkoslovakia som serleg sannsynleg, med di at det norske kommunistpartiet skulle infiltrere eller gjere noko væpna kupp. Heller var det mest truleg at partiet ville utføre politiske aksjonar og oppmoding til streik og sabotasje kunne svekkje landet innanifrå. Altso ein farleg situasjon med sovjetisk press og indre uro, som kunne i enden føre til at Noreg måtta gjeve etter. Kommunistane vart vel au sett på som potensielle landssvikarar. Om det skulle bryte ut krig mellom aust og vest, ville kommunistane på alle måtar hjelpe Sovjetunionen ved ein invasjon. Det vil seie at so lenge faren for ein slik krig stend, er det kanskje ein viss legitimitet for å gjere sume tiltak for å verne riket.[43]

---

[42] Kanskje ei sterk vending. Det fanst ulike meiningar om dette mellom ikkje-kommunistar, og Norske styresmakter såg ikkje med fiendskap til Sovjetunionen i 1948.

[43] Kanskje med Quisling i minnet.

4.2. Haldningar til NATO

I tida etter krigen fokuserte styremynda mykje på å byggje opp eit sterkt forsvar, og store midlar vart overførte. Bakgrunnen for dette synast ikkje å kunne tilskrivast mykje anna enn krigen og frykta for eit nytt «niande april». Sjølv med ei sterkt militærmakt såg styresmaktene at dei ikkje hadde mykje å stille opp med om stormaktene ville det anna, og at dei ville det anna vurderte styresmaktene i Noreg som sers truleg. Etterretningstenesta rekna med «at sannsynligheten for krig de kommende år er meget stor»[44] Dette var retta mot eit defensivt åtak frå Sovjetunionen.

For å bu seg mot dette ynskte regjeringa og mest heile breidda av dei politiske partia inn i eit eller anna vernssamband. Usemja låg i kven som elles skulle vere med i dette laget. Alternativa som synast å vere dei aktuelle var eit nordisk samarbeid, eit vest-europeisk samarbeid eller eit atlantisk med USA i brodden. Inkje alternativ peika austover, sjølv om bakgrunnen for å gå inn for eit nordisk lag var å vere open mot båe leidene og ikkje låse seg til noka blokk. Denne nøytrale sida hadde stor oppslutnad i dei fyrste åra, og mange var skeptiske til å låse seg vestover og bidrage til tilskipinga av blokkene som tok til å take form.[45]

---

[44] Lundrapporten side 162
[45] Eriksen: 77 i Berg (red.)

Dei direkte åtaka på kommunistane i Kråkerøytalen, som heile Arbeidarpartiet stod bak (Gerhardsen var ein av dei aller siste mellom toppleiarane som gav opp den noko venlege eller opne haldninga med omsyn på kommunistane), gjorde det overflødig og kanskje til og med ikkje gagnande å vere open i både leidene, aust og vest. Med andre ord kan ein seie at denne politiske vendinga bana vegen for å einast om NATO-medlemskapen i 1949. Det var ikkje berre knytt med fare å ferdast austover politisk, stadig fleire ynskte au eit sterkt og trygt band *vestover*, mot USA.

4.2. Overvakinga av kommunistane i Noreg

Som ei fylgje av styresmaktene si oppfatning av den kommunistiske trugselen vart det sett i verk ei pegistrering av kommunistar i Noreg. Politiet skulle sende inn vallistene for NKP til POT-sentralen ved alle val frå kommunevalet i 1947. Vurderte regjeringa NKP for å vere ein nasjonal trugsel, eller var det meir ein trugsel mot deira posisjon? Lund-rapporten seier at det ikkje var nokon grunn til å registrere medlemar av NKP.[46] Kommunistane hadde uttalt at Noreg «meget snart» ville bli ein folkerepublikk -som dei i Aust-

---

46 Lundrapporten side 205

Europa.[47] Dett gav vel likevel grunn til mistanke, sjølv om ei generalisering til å gjelde alle i NKP og i kommunistisk presse kanskje ikkje var naudsynt.

4.3.1. Beredskapslovene

I 1950 vedtok stortinget fem lover, mellom dei «Lov om særlige rådgjerder under krig, krigsfare og liknende forhold», lovene vart enkelt kalla Beredskapslovene. Desse lovene gav regjeringa fullmakt til å arrestere utan nokon dom og andre tiltak «Når riket er i krig eller krig truer eller rikets selvstendighet eller sikkerhet er i fare».[48] Desse lovene skapte eit ordskifte i pressen og andre stader i samfunnslivet. Den eine sida meinte desse lovene var til for at Gerhardsen og Arbeidarpartiet skulle rydde unna politiske motstandarar, og i denne samanhengen gjeld vel det kommunistane. Andre gav uttrykk for at med lovene var riket tryggare, og at i farlege situasjonar var den ålmenne rettsgangen ikkje viss eller rask nok.

---

[47] Ustvedt:

[48] Beredskapslovene § 7 fyrste punktum (utdrag) lovdata.no

5. Testing av hypotesane

I denne delen vil eg take føre meg dei tre hypotesane eg sette fram i innleiinga og sjå dei oppimot stoffet eg til no har presentert. Eg skal med dette kome fram til ei slutning og ei klårgjering på problemstillinga. Eg vil take føre meg éin hypotese om gongen og sjå i kva grad desse synast å høve med den røyndomen som er framstilt i litteraturen.

5.1. Svekking av kommunistane

Kråkerøytalen var eit medvite tiltak for å svekkje kommunistane i Noreg.

I denne påstanden vert det hevda at Kråkerøytalen var eit middel for å svekkje den politiske posisjonen kommunistane hadde. Her ser me difor ikkje på andre konsekvensar talen hadde enn denne. Om Gerhardsen «legetimt» skulle svekkje kommunistane vil eg meine at det hadde vore nærare å sikte på avtalen mellom Finland og Sovjetunionen, enn Tsjekkoslovakia, med omsyn på dei vurderingane dei norske styresmaktene gjorde. Likevel valde Gerhardsen å bruke regjeringskrisa til å peike ut kommunistane som truglsar, meir enn dei var i realiteten. Likevel vil eg ikkje seie eller funne belegg for at Gerhardsen hadde «venta på» ein situasjon som den i Tsjekkoslovakia, sjølv om han bruka han fullt ut. Soleis var nok Kråkerøytalen ein meir intuitiv reaksjon på ei bråvora hending enn eit planlagt strategisk grep. Denne hypotesen har soleis god støtte i empirien eg har lagt til grunn.

5.2. Hegemoniet i arbeidarrørsla

Kråkerøytalen var ein freistnad på å skape samling om Arbeidarpartiet.

Denne hypotesen hevdar at Gerhardsen bruka maktovertakinga i Tsjekkoslovakia gjennom Kråkerøytalen til å skape ei folkeleg samling om Arbeidarpartiet. Hypotesen seier ikkje at Gerhardsen var motstandar av kommunistane, men at han spelte på motviljen som allereie var mellom folk i Noreg.

Det var sympati for Sovjetunionen mellom folk, og dei var «viljuge» til å gå med på eit visst sovjetisk oppsyn i dei austlege landa. Måten landa fram til 1948 hadde kome under styring av kommunistar var vel sett på som meir eller mindre legitim, i den grad det var eit tema mellom folk. Regjeringskrisa i Tsjekkoslovaka var av ein annan og meir dramatisk karakter, og dette gjekk innpå folk; det var eit land som likna på Noreg. Gerhardsen var ein person som fekk med seg strøymingar i folket, og eg vil ikkje meine dette er noko unnatak.

Gerhardsen brukte vel au tilliten han hadde i folket ex officio, hans personlege appell og demagogiske eigenskapar til å grave fram mistanken mellom folk. I denne eine talen påpeika han den trugande utviklinga kommunistane hadde hatt, dreidde sanninga til sin fordel (og understreka og kanskje overdreiv ”faren” kommunistane stod for) og stadfeste seg som motstandar av kommunistane. Han ville vel au syne seg som ein leiar som ikkje vanka med moglege kuppmakarar, eller ein som hadde slike tankar sjølve.

Er det kanskje noko meir i dette, sidan samhandlinga mellom NKP og DNA var stor frå slutten av krigen og heilt *til* 1948. Det var stor optimisme mellom høgtståande arbeidarpartifolk og kommunistar i Noreg om å slå saman dei to arbeidarpartia. Det vil seie at det nye, store arbeidarpartiet åleine ville ha hegemoniet i arbeidarrørsla og absolutt fleirtal i folket; Gerhardsen og Arbeidarpartiet ville vere i leiinga i dette partiet. Når dette høvet svann vekk for Arbeidarpartiet, laut dei gjere noko anna. Kanskje det oppsummerast med: "Kan du ikkje bli med dei, slå dei"? Eit godt stykkje på vegen vil eg meine at denne hypotesen høver godt med litteraturtilfanget. Eg ser au det at H_0 og H_1, svekking av kommunistane og samlinga om Arbeidarpartiet meir og meir same saka.

5.3. Sikting mot vest

Føremålet med talen var å endre Noregs haldning, med omsyn på dei to blokkene som danna seg, frå «avventande/nøytral» til tydleg vestvendt.

I denne hypotesen vert det hevda at Gerhardsen og Arbeidarpartiet allereie føre regjeringskrisa i Tsjekkoslovakia ynskte inn i vestheimen. Då Noreg skulle take ei avgjerd til Marshallhjelpa, såg Noreg til Sovjetunionen og korleis dei stilte seg til henne. Sovjetarane var ikkje so negative til dette tiltaket i starten, og Molotov var med i Paris då organiseringa skulle drøftast. Då Noreg skulle inn i NATO vart saka avgjort med ein hast so nokon opposisjon ikkje skulle skipe seg, likevel so ser eg ikkje at det er nokon grunn til å seie at Gerhardsen sikta inn mot NATO (eller noko liknande) allereie ved Kråkerøytalen. NATO hadde nok sine røter etter talen, sjølv om ytringar i talen og fylgjer av talen kan ha vore med på å førebudd nasjonen for å gå inn i NATO. Som eg har kome fram til i punkt 3.3., er det heller lite som tyder på at dei tre hendingane eg knyter til vestbindinga på føre hand er planlagde sett opp. Denne hypotesen fær soleis mindre støtte i empirien eg har lagt til grunn.

6. Slutning

Etter å ha gådd gjennom hypotesane systematisk ein etter ein, vel det vere høveleg å kome attende til problemstillinga, som hypotesane er utleidde frå:

1. *Kva var Kråkerøytalen?*
2. *Kva var målet med Kråkerøytalen?*
3. *Korleis verka Kråkerøytalen?*

Av dei tre hypotesane eg sette fram, stend nummer 1 og 2 att som medverkande til å svare på problemstillinga. Desse hypotesane stod au ganske nære kvarande og var eit stykkje på vegen to sider av same mynt. Eg vil au hevde med dette at måla i desse to hypotesane, høvevis *å svekkje kommunistane* og *å styrkje Arbeidarpartiet* var samanfallande, og det er kanskje ikkje so lett å lage noko skilje mellom dei.

Kråkerøytalen var eit politisk verkemiddel frå Arbeidarpartiet generelt og Einar Gerhardsen spesielt som kanskje hadde andre fylgjer enn Gerhardsen fyrst hadde tenkt seg, sjølv om det ser ut til at han nok var klar over dei grove trekka. Kråkerøytalen ser ut til å vere ein norsk reaksjon på det som hendte ute i Europa; tilspissinga mellom aust og vest og tysklandproblemet. I USA rådde det som sidan vart kalla McCarthy-tida, og det var kanskje tilsvarande tankevis i andre land i Europa. Noreg hadde lenge vore eit land som har hatt sterke band vestover, til Storbritannia og i nokon grad til USA (då tenkjer eg i hovudsak på verknadene utvandringa). Difor finst det argument for at Kråkerøytalen var ei vidareføring av denne bindinga vestover, og kanskje var Kråkerøytalen noko styresmaktene i Noreg såg på som «naudsynt» for å kunne vidareføre bindinga vestover. Sjølv om det har vore påpeika at Kråkerøytalen kan ha symbolisert eit brot i alliansepolitikken.[49]

Når det gjeld målet med Kråkerøytalen synest eg det har kome greitt fram i drøftinga av dei tre hypotesane framom. Målet med Kråkerøytalen var nok ein freistnad å plassere seg på det politiske kartet, nasjonalt og internasjonalt, som endå ikkje var heilt avklart. Sidan brotet mellom NKP og Arbeidarpartiet tilsynelatande var so snøggvore, og overgangen mellom samarbeid og fiendeskap var so skarp, vil eg seie at målet for Arbeidarpartiet nok var å styrkje seg sjølv og take hegemoniet i arbeidarrørsla. Eg legg då til grunn at eg ser på Arbeidarpartiet som eit politisk parti på venstresida, framføre eit «statsberande» parti. Som eit «statsberande» parti vil nok tryggingspolitikken og den tradisjonelle vestbindinga tene meir som svar på kva målet med talen var. Vidare på dette kan det synest som om styresmaktene helst ville vere mest mogleg «nøytral», men likevel ville

[49] Berg (red): 78

dei helle mot vest, jf. «den nøytrale allierte». Likevel var det eit innslag av anten/eller; anten nøytral utan vestbinding eller NATO.

Verknadene av Kråkerøytalen er nok den delen som har vore minst sett på og vore raskast gått igjennom. Dette kjem av at eg ikkje såg på tida etter talen lenger enn til 1950. Som eg har nemnt fleire gonger i oppgåva er kanskje den tydlegaste verknaden av talen resultatet av stortingsvalet i 1949. Kommunistane miste alle mandata sine, sjølv om dei «berre» miste om lag halve røystetalet. Det er nok ein samanheng mellom Kråkerøytalen og NATO. Kråkerøytalen og stoda kring honom stengte vegen i austerleid og opna vegen i vesterleid. Elles so er tankar frå Kråkerøytalen stekt til stades i grunnlaget og legitimeringa av Beredskapslovene og overvakinga av utvalde norske borgarar. Denne overvakinga styrkte indirekte statsmakta og difylgjande Arbeidarpartiet og det etablerte synet (som inneber at kommunistane er ein trugsel og semja som NATO m.m.).

Som ei oppsummering kan eg, utan at dette bør vektast serleg, seie at:

Kråkerøytalen var Noregs deltaking i den kalde krigen.

Målet med kråkerøytalen var å samle folk om «det etablerte».

Kråkerøytalen verka stigmatiserande mot kommunistane.

7. Kjelder og litteratur

Kråkerøytalen:

Johansen, Anders og Kjeldsen, Jens E. 2005. *Virksomme ord. Politiske taler 1814-2005.* Universitetsforlaget.

Lundrapporten:

Rapport til Stortinget fra kommisjonen som ble oppnevnt av Stortinget for å granske påstander om ulovlig overvåking av norske borgere.
Henta frå:
http://www.stortinget.no/no/Saker-og-publikasjoner/Publikasjoner/Dokumentserien/1995-1996/Dok15-199596/

Primærlitteratur:

Furre, Berge. *Vårt hundreår. Norsk historie 1905-1990.* Samlaget.

Kjeldstadli, Knut. 1992. *Fortida er ikke hva den en gang var. En innføring i historiefaget.* Universitetsforlaget.

Lahlum, Hans Olav. 2010. *Noen av oss snakket sammen. Personskrifter i Arbeiderpartiet 1945-1975.* Cappelen Damm.

LaFeber, Walter. 1991. *America Russia and the cold war 1945-1990.* McGraw-Hill, inc.

Lorenz, Einhart. 1975. *Arbeiderbevegelsens historie II 1930-1973.* Pax Forlag.

Olstad, Finn. 1999. *Einar Gerhardsen -en politisk biografi.* Universitetsforlaget.

Riste, Olav og Arnfinn Moland. 1997. *«Strengt hemmelig» Norsk etterretningsteneste 1945-1970.* Universitetsforlaget.

Sverdrup, Jakob. 1996. *Inn i storpolitikken 1940-1949.* Universitetsforlaget.

Ustvedt, Yngvar. 1978. *Den varme freden – den kalde krigen. Det skjedde i Norge Bind 1 1945-52.* Gyldendal norsk forlag.

Sekundærlitteratur:

Berg, Roald (red.). 2008. *Selvstendig og beskyttet.* Fagbokforlaget.

Andersen, Alf G og Hansen, Hans-Erik. 1999. *500 som preget Norge. Norske kvinner og menn i det 20. århundre.* Millennium.

Alnæs, Karsten. 2000. *Historien om Norge. Femti rike år.* Gyldendal norsk forlag

Internettsider:

Ukjend skrivar, «Tsjekkia», Wikipedia.org, http://no.wikipedia.org/wiki/Tsjekkia#Kommunisttiden (vitja 5/10-2012)

Gerhardsen, Rune, «Einar Gerhardsen», Regjeringen.no http://www.regjeringen.no/nb/om_regjeringen/tidligere/oversikt/departementer_embeter/embeter/statsminister-1814-/einar-henry-gerhardsen.html?id=463396 (vitja 10/10-2012)

http://www.dagbladet.no/kronikker/970601-kro-1.html (vitja 23/1-2013)

Seim, Jardar, «defenstrasjon», snl.no, http://snl.no/defenestrasjon (vitja 27/3-2013)

Borgen, Svein, «Kråkerøy-talen – et skammens minne» http://www.revolusjon.no/index.php?option=com_content&view=article&id=96&Itemid=60 (vitja 27/3-2013)

LOV 1950-12-15 nr 07: Lov om særlige rådgjerder under krig, krigsfare og liknende forhold http://www.lovdata.no/all/hl-19501215-007.html#map0 (vitja 11/4-2013)

Alnes, Jan Harald, «Hypotetisk-deduktiv metode», snl.no, http://snl.no/hypotetisk-deduktiv_metode (vitja 15/4-2013)

Lie-Hagen, Fredrik Julian, «Arbeiderpartiets Cæsarisme?», rostrum.no, http://www.rostrum.no/arbeiderpartiets-caesarisme (vitja 27/5-2013)

www.ingramcontent.com/pod-product-compliance
Ingram Content Group UK Ltd.
Pitfield, Milton Keynes, MK11 3LW, UK
UKHW020232250726
13967UKWH00001B/316

9 781329 398115